DOUGGA

MINISTERE DE LA CULTURE
Agence Nationale d'Exploitation
et de mise en valeur du
Patrimoine Archéologique et Historique

DOUGGA

Texte de
Mustapha Khanoussi

Collection : Sites et monuments de Tunisie

La campagne autour de Dougga : une fertilité qui a contribué dans une large mesure à l'opulence de la cité.

Celui qui prend la route GP 5 (Grand Parcours n° 5) qui relie Tunis à la ville du Kef, l'antique *Sicca Veneria*, ne manque pas de rencontrer, cinq kilomètres après le village de Téboursouk, l'antique *Thubursicu Bure*, une petite agglomération de création récente et au nom évocateur: Dougga al Jadida (Dougga la nouvelle). Ce petit village quelconque est le lointain héritier de *Thugga*, cité antique plusieurs fois séculaire et dont les ruines situées à environ 5km de là vers le nord, jouissent d'une grande renommée tant auprès des spécialistes (archéologues, épigraphistes, historiens etc...) qu'auprès du large public des amateurs d'archéologie et ne cessent d'attirer, à longueur d'année, des dizaines de milliers de passionnés des "vieilles pierres". Ces ruines, témoins de plus de quinze siècles de l'histoire d'une petite cité provinciale, sont, en effet, considérées, pour leur diversité et leur beauté, parmi les plus spectaculaires non seulement de Tunisie mais aussi de toute l'Afrique du Nord.

Située dans un pays de montagnes où la température est relativement plus fraîche et où, dans une succession de vallons et de plateaux étagés les uns au-dessus des autres, le sol est varié et généreux, et bâtie sur un plateau protégé à l'Est et au Nord-Est par une falaise abrupte et au Sud par des pentes rapides et dominant la riche vallée de l'oued Khalled, *Thugga* est née de la conjugaison des facteurs indispensables à la naissance d'une agglomération antique (site protégé, position facile à défendre, matériau de construction à portée de main, sources abondantes et terre fertile à cultiver). Son entrée dans l'Histoire n'a eu lieu qu'à la fin du IVè siècle avant J-C, lorsque, au cours de l'expédition d'Agathocle contre Carthage, la métropole du monde punique, Eumachos, lieutenant du tyran de Syracuse, s'en empare, pour très peu de temps d'ailleurs. A cette date, la cité, était, au dire de l'auteur grec Diodore de Sicile, "d'une belle grandeur". Elle continua à faire partie du territoire carthaginois durant tout le IIIè siècle. Au cours de la première moitié du IIè siècle avant J.-C., elle passa sous le contrôle du roi numide Massinissa (202-148) et devînt l'une des résidences royales.

Après la destruction de Carthage en 146 avant J.-C., *Thugga* resta en dehors de la première province créée par les Romains en Afrique, (*la Provincia Africa*) dont la frontière (la *fossa regia*) passait non loin de là, à quelques kilomètres au sud de la cité. Ce n'est qu'un siècle plus tard, en 46 avant J.-C., après la défaite du roi numide Juba 1er et la création d'une nouvelle province romaine *(Provincia Africa nova)*, que la région de *Thugga* passa, comme tout le royaume numide, sous la domination de Rome. Très tôt, c'est l'épigraphie qui nous le révèle, une communauté de citoyens romains vînt s'y installer et constituer, à côté de la communauté autochtone *(civitas)* devenue sujette de Rome, un district *(pagus)* de la colonie romaine de Carthage que César ordonna de fonder sur le site de l'ancienne métropole punique. Contrairement à ce qui a été souvent écrit, la coexistence entre les deux communautés, *pagus* d'un côté et *civitas* de l'autre, n'a pas dû se passer toujours sans quelques frictions. L'appropriation par les colons d'une partie des terres qui appartenaient aux authochtones a dû certainement léser plus d'un. La différence de statut juridique, les uns étant citoyens et les autres sujets, a créé une situation d'inégalité qui a duré pendant trois siècles, jusqu'à la promotion de la cité au rang de colonie en 261 après J.-C., après avoir accédé en 205 après J.-C., sous l'empereur Septime Sévère, au rang de municipe.

Cette inégalité a été toutefois progressivement atténuée par l'octroi de la citoyenneté romaine à titre individuel aux membres les plus riches et les plus influents de la communauté autochtone ainsi que par les nombreux mariages mixtes qui n'ont pas manqué d'avoir lieu et qui ont largement contribué à mélanger les deux populations.

Alors que les autochtones ont continué, dans le cadre de la *civitas*, à s'administrer selon le modèle punique avec deux sufètes et une assemblée de décurions, à utiliser comme auparavant les langues libyque et punique dans leur vie quotidienne, à honorer leurs divinités, les nouveaux venus ont apporté dans leurs bagages, non seulement leur langue, le latin et leurs dieux gréco-romains, mais aussi tout un mode de vie, qu'on peut appeler "the Roman way of life", qui n'a pas manqué de se refléter rapidement dans le paysage urbain et d'exercer une attirance irrésistible sur la population autochtone. La cité s'en est trouvée complètement transformée. En effet, une frénésie de liberalités, dûes à la course aux honneurs, s'est emparée des familles aisées et les a amené à dépenser des fortunes pour doter leur "chère patrie" des monuments de toute sorte dont les vestiges encore visibles sont les témoins muets mais combien suggestifs de la générosité et de la vanité de leurs donateurs. Au cours du IIè siècle après J.-C. par exemple, une grande famille, *la gens* des *Gabenii,* offrît un sanctuaire consacré au culte de Minerve, construisît sur un terrain lui appartenant le grand ensemble de temples dédié à la Concorde, à Frugifer et à Liber Pater, et entoura le forum d'un portique.

Des membres de la même famille offrirent durant le premier quart du IIIè siècle un temple à la Victoire de l'empereur Caracalla et un autre à la déesse Caelestis. Une autre grande famille, celle des *Marcii*, offrît à la ville le temple anonyme connu aujourd'hui sous le nom de Dar Lachheb (=la maison de Lachheb) ainsi que les deux monuments qui font la gloire du site de Dougga, à savoir le capitole et le théâtre. Ce ne sont là que quelques uns des nombreux exemples des libéralités que nous font connaître les inscriptions et qui attestent de la richesse considérable amassée par certaines familles et du degré de prospérité atteint par la cité. L'apogée de la prospérité a été atteint par *Thugga* sous le règne de la dynastie des Sévères, période durant laquelle la cité a connu le maximum de son extension. Cette prospérité s'est maintenue, certainement avec moins d'éclat, durant tout le IVè siècle, comme l'attestent les nombreux travaux de restauration réalisés à cette époque.

Le site vu du Sud. Les contraintes topographiques ont donnée naissance à un urbanisme en palier.

Pour la période suivante, c'est-à-dire le siècle durant lequel l'Afrique tomba sous la domination des Vandales (439-533), l'absence totale de témoignages sur *Thugga*, empêche de porter un jugement sur l'état dans lequel se trouvait la cité. L'absence à partir de cette date de mention de représentant de la communauté chrétienne de la ville dans les compte-rendus des nombreux conciles des évèques africains, peut être considérée comme un indice d'une regression de la vie urbaine et peut-être même d'une désertion d'une bonne partie de la population. Mais, ce qui est sûr, c'est que, durant la période byzantine (533-698), le rôle dévolu à *Thugga* dans le système défensif créé à la hâte par l'armée venue d'Orient, était presque nul comparé à celui assigné à des cités voisines comme *Agbia* (Borj Brahim), *Thubursicum Bure* (Téboursouk), ou *Thignica* (Ain-Tounga). Les fortifications qui y furent érigées sur ordre du généralissime Solomon et qui englobèrent le forum et le Capitole semblent beaucoup plus destinées à servir de refuge à la population civile que de camp à une armée chargée d'assurer la surveillance et la sécurité de la région. Avec la fin de la domination byzantine, s'est éteinte, comme elle est née, dans l'anonymat total, une petite cité, après avoir vécu, pendant plus de dix siècles, sans ambition et sans gloire. La vie avait toutefois continué dans et sur les ruines pendant quelques siècles encore. Les rares vestiges datant de cette période et qui ont échappé aux "pioches dressées" à ne s'arrêter qu'aux niveaux de la "bonne époque" (le Haut Empire) laissent supposer que toute vie organisée n'avait pas pourtant totalement disparu. Mais il faut attendre des fouilles futures pour pouvoir écrire l'histoire de la Dougga médiévale.

Les ruines de cette cité qui a abrité au moment de sa plus grande extension une population urbaine estimée à environ 5000 personnes (10.000 personnes si l'on compte ceux qui résidaient sur l'exigü territoire dépendant de *Thugga*), couvrent une superficie totale d'environ 70 ha dont seulement le quart a été dégagé jusqu'ici.

Ces ruines sont annoncées de loin au visiteur qui vient par la route qui relie le site au village voisin de Téboursouk, par les colonnes de la façade du temple de Saturne qui dominent de toute leur hauteur la vallée de Oued Khalled qui s'étend au sud.

→
La rue qui mène du théâtre au quartier du forum.
Son dallage montre, par endroits, les traces d'une longue utilisation.

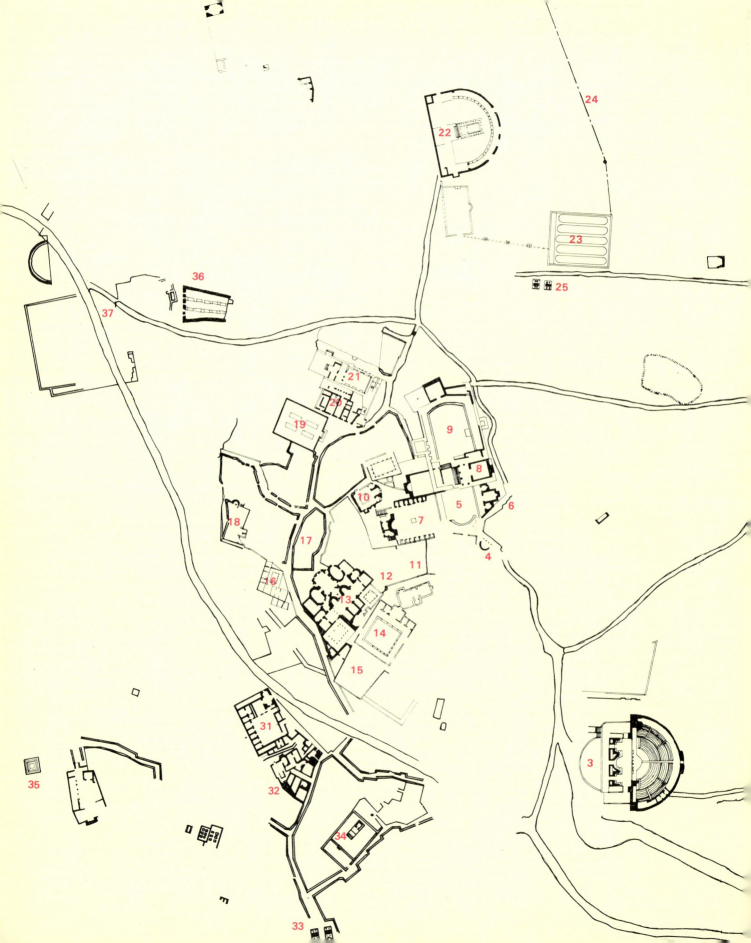

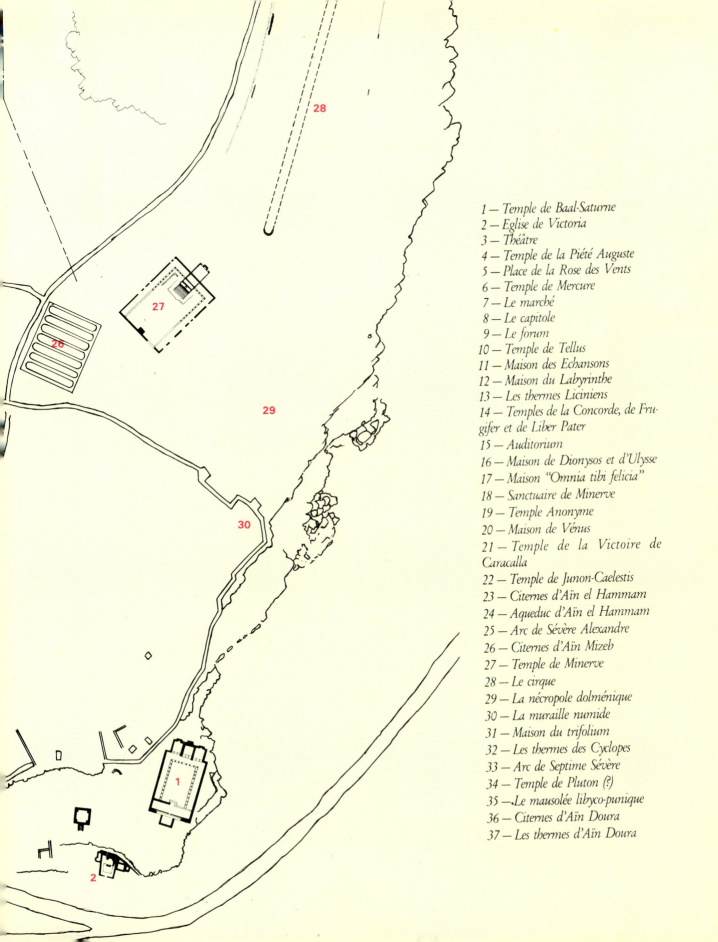

1 — Temple de Baal-Saturne
2 — Eglise de Victoria
3 — Théâtre
4 — Temple de la Piété Auguste
5 — Place de la Rose des Vents
6 — Temple de Mercure
7 — Le marché
8 — Le capitole
9 — Le forum
10 — Temple de Tellus
11 — Maison des Echansons
12 — Maison du Labyrinthe
13 — Les thermes Liciniens
14 — Temples de la Concorde, de Frugifer et de Liber Pater
15 — Auditorium
16 — Maison de Dionysos et d'Ulysse
17 — Maison "Omnia tibi felicia"
18 — Sanctuaire de Minerve
19 — Temple Anonyme
20 — Maison de Vénus
21 — Temple de la Victoire de Caracalla
22 — Temple de Junon-Caelestis
23 — Citernes d'Aïn el Hammam
24 — Aqueduc d'Aïn el Hammam
25 — Arc de Sévère Alexandre
26 — Citernes d'Aïn Mizeb
27 — Temple de Minerve
28 — Le cirque
29 — La nécropole dolménique
30 — La muraille numide
31 — Maison du trifolium
32 — Les thermes des Cyclopes
33 — Arc de Septime Sévère
34 — Temple de Pluton (?)
35 — Le mausolée libyco-punique
36 — Citernes d'Aïn Doura
37 — Les thermes d'Aïn Doura

1 — Temple de Baal-Saturne

Ce temple, construit en 195 après J-C. sous le règne des empereurs Septime Sévère et Clodius Albinus, occupe une plate-forme au nord-est du site. Orienté à l'Est, il est composé de trois parties : un vestibule, une cour à ciel ouvert entourée de portiques, et trois salles (cellae) qui contenaient la ou les statues divines et les objets culturels. Sous le sol de la cour et du portique, plusieurs citernes ont été aménagées pour recueillir les eaux de pluies des terrasses et de la cour. Des sondages réalisés dans le sous-sol de la cour ont révélé des restes d'un sanctuaire plus ancien ou été vénéré Baal, le grand dieu de l'Afrique préromaine, devenu Saturne à l'époque romaine.

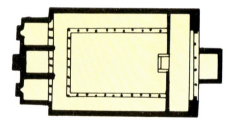

Temple de Baal-Saturne, dieu suprême de l'Afrique antique.

2 — Eglise de Victoria

A quelques dizaines de mètres en contre-bas, s'étendait un cimetière païen dans lequel la communauté chrétienne érigea une église martyriale (dite de *Victoria* et datable de la fin de IVè - début de Vè siècle) au plan irrégulier: un petit vestibule, l'intérieur divisé en trois nefs de dimensions inégales, un *presbyterium* surélevé dans le prolongement de la nef centrale et deux sacristies dans celui des collatéraux. Une petite nécropole chrétienne, délimitée par une enceinte, s'est installée autour de l'église et de ses dépendances.

Non loin de là, à quelques mètres vers l'ouest, se trouve un caveau funéraire datable du IVè siècle après J.-C. De forme rectangulaire, on y descend par un escalier de sept marches. Des niches rectangulaires sont creusées dans les parois du fond et sur les côtés, de nombreux sarcophages sont entassés à l'intérieur.

Caveau funéraire familial qui connut tour à tour, l'incinération et l'inhumation

Eglise de Victoria, seul édifice de culte chrétien retrouvé jusqu'ici à Dougga.

3 — Le théâtre :

C'est le monument le plus spectaculaire de Dougga et l'un des théâtres les mieux conservés d'Afrique. Construit en 168 ou 169 après J.-C., sous le règne conjoint des empereurs Marc-Aurèle et Lucius Verus, aux frais d'un riche citoyen de *Thugga*, le flamine du culte impérial *Publius Marcius Quadratus* en l'honneur de son flaminat perpétuel, le monument présente les dispositions classique des théâtres d'époque romaine:

Une cavea où se tiennent les spectateurs, une grande scène et des promenoirs en façade. La *cavea* est adossée en grande partie au rocher et est formée de 19 gradins divisés en 3 étages par des galeries de circulation. Les étages sont à leur tour divisés en travées par des esca-

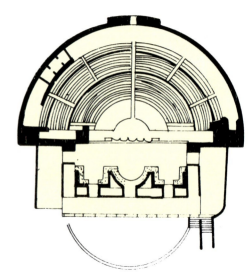

Le théâtre. D'une capacité d'environ 3.500 places, il est l'un des mieux conservés d'Afrique.

Sur ces gradins, les Thuggenses *ne se sont, très probablement, jamais sentis à l'étroit. Ils ne pouvaient en être que plus reconnaissants au généreux donateur.*

liers rayonnant autour de l'orchestre. La scène est séparée de l'orchestre par un mur haut de 1 mètre environ et décoré de niches alternativement rectangulaires et semi-circulaires. Deux escaliers adossés à ce mur permettent de passer de l'orchestre à la scène. La capacité d'accueil de ce monument estimée à environ 3500 spectateurs, devait être nettement supérieure aux besoins réels de la population, même en tenant compte de ceux qui résidaient dans la campagne. Les *Thuggenses* ne s'étaient très probablement jamais sentis à l'étroit sur les gradins de leur théâtre. Ils ne devaient en être que plus reconnaissants au généreux bienfaiteur.

Théâtre

De là, le visiteur peut se rendre au quartier du Capitole qui constituait le centre de la vie politique et administrative de la cité et jouait un rôle de première importance dans la vie sociale et religieuse. Ce quartier renfermait, en effet, la place publique *(forum)*, le marché, des temples, ainsi que de nombreux autres édifices publics qui ont disparu lors de la construction des fortifications byzantines et qui ne sont plus connus que par l'épigraphie comme par exemple le temple de Tibère, un temple de Saturne construit sous le règne de ce même empereur, un temple dédié à Jupiter, une basilique civile etc... A cela il faut ajouter la curie (siège du conseil des décurions) dont aucune mention n'a été retrouvée, ni aucun vestige identifié, mais qui était indispensable à la vie municipale. Ce quartier est constitué de deux ensembles séparés par le temple capitolin et la plate-forme qui lui servait d'*area*. L'ensemble Est, organisé autour de la place dite de la Rose des Vents, prit son aspect définitif sous le règne de Commode (180-192). Il englobe au nord le temple de Mercure, à l'Est celui consacré au culte collectif de la Fortune Auguste, Vénus, la Concorde et Mercure, et au sud le marché. L'ensemble Ouest, qui s'ordonnait autour du forum, a connu une vie plus mouvementée et a été défiguré une première fois par l'affaissement qui affecta la partie nord-est de la place publique et ensuite par les Byzantins qui utilisèrent les matériaux de ses monuments pour ériger leur fortin.

En venant du théâtre, on arrive dans une petite place triangulaire sur laquelle donnent l'escalier latéral d'un petit sanctuaire dédié à la Piété Auguste, une porte, aujourd'hui rasée donnant accès au portique de la place de la Rose des Vents et une rue qui longe le temple de Mercure et se dirige vers le nord-ouest.

← *Théâtre - détail*

4 — Temple de la Piété Auguste

Le minuscule temple de la Piété Auguste a été construit, probablement sous l'empereur Hadrien (118-138), en exécution du testament d'un certain *Caius Pompeius Nahanius* sur un terrain lui appartenant. Il est formé d'un vestibule et d'une petite abside élevés sur podium et auxquels on accède par un escalier latéral placé à l'ouest. Au Sud de ce monument s'élève la petite mosquée, désormais désaffectée mais unique monument encore debout du hameau installé sur les ruines jusqu'il y a quelques dizaines d'années et dont les habitants ont été transférés dans la plaine où ils ont fondé Dougga al Jadida.

Le minuscule temple de la Piété Auguste

5 — Place de la Rose des Vents

Aprés avoir laissé sur sa gauche le temple de la Piété Auguste, le visiteur débouche sur la place de la Rose des Vents, appelée dans l'Antiquité *l'area macelli* (la place du marché). Aménagée très probablement aux frais des *Pacuvii,* les donateurs des deux monuments qui la bordent au nord et au sud, à savoir le temple de Mercure et le marché, cette place présente un plan inhabituel. A l'Est, en effet, le portique qui la borde sur trois côtés, au lieu d'être rectiligne, est

La place dite de la Rose des Vents, qui était appelée dans l'antiquité "place du marché" (area macelli). Son dallage porte le dessin d'une horloge solaire et l'indication des 12 vents.

en hémicycle afin de masquer la ligne oblique de la façade du temple de la Fortune qui, antérieur à la place, s'intégrait mal au nouvel ensemble, une grande rose des vents, qui est à l'origine du nom actuel donné à la place, est gravée sur la partie nord-ouest de son dallage.

6 — Temple de Mercure

A quelques pas plus au nord se trouve le temple de Mercure, construit aux frais de *Quintus Pacuvius Saturus* et sa femme *Nahania Victoria* en exécution du testament de leur fils, soldat mort sous les armes. Juxtaposé au mur Est du Capitole et faisant face au marché, on y accède par un escalier de quatre marches qui donne sur un portique de dix colonnes au-delà duquel se trouvent trois salles cultuelles, les *templum et cellas duos* des inscriptions. Celle du milieu, la plus grande, est de forme rectangulaire; les deux autres étant de forme semi-circulaire. Dans la *cella* orientale on a découvert des sarcophages qui y furent placés à basse époque. C'est également à une époque tardive que remonte l'installation de l'huilerie dans la partie Est du portique.

Le temple de Mercure, dieu protecteur du commerce et des commerçants

7 — Le marché

De l'autre côté de la place se trouvent les vestiges du *macellum*. Offert entre le 25 Janvier et le 13 Octobre 54 après J.-C. par *Marcus Licinius Rufus*, riche et puissant membre du pagus, ce monument fut rasé presque complétement lors de la construction du fortin byzantin. Précédé d'un portique offert par les donateurs du temple de Mercure, il est composé d'une cour à ciel ouvert bordée à l'est et à l'ouest de dix boutiques sur chaque côté. Le côté sud est occupé par une abside qui a perdu aujourd'hui son sol et qui devait abriter la statue de *Mercurius genius macelli* (Mercure génie du marché) comme nous l'apprend une inscription.

Le marché. Ce monument est l'un des plus anciens marchés de l'Afrique romaine

8 — Le capitole

Ce temple consacré au culte de la triade protectrice de Rome Jupiter Trés Bon Très Grand *(Iupiter Optimus Maximus)*, Junon Reine *(Iuno Regina)* et Minerve Auguste *(Minerua Augusta)* a été construit aux frais de *Lucius Marcius Simplex Regillianus* et dédié en 166 ou 167 après J.-C. Précédé d'une plate-forme dallée qui lui servait d'*area*, on y accède par un escalier qui donne sur un portique formé de quatre colonnes en façade et deux colonnes en retour. Au delà se trouve la *cella*, grande pièce rectangulaire (13m x 14m) dont le fond est décoré de trois niches. La plus haute, au milieu, contenait une statue colossale de Jupiter; les deux autres celles de Junon et de Minerve. Le tympan du fronton est orné d'un relief représentant un homme emporté par un aigle, symbolisant l'apothéose de l'empereur Antonin le Pieux (138-161).

Le capitole en 1883

Jupiter, Junon et Minerve, la triade protectrice de Rome, étaient adorés dans ce sanctuaire.

Capitole. Le fronton

Capitole. Bas-relief du fronton figurant l'apothéose de l'empereur Antonin Le Pieux.

9 — Le forum

Le forum : place publique et cœur de la cité.

C'était le centre de la vie publique et administrative de la cité. C'est là que la cité par l'érection de statues, honorait ses fils méritant et rendait hommage aux gouvernants. Le forum de *Thugga* est une place d'assez faibles dimensions (38,5m x 24m), entourée de protiques sur

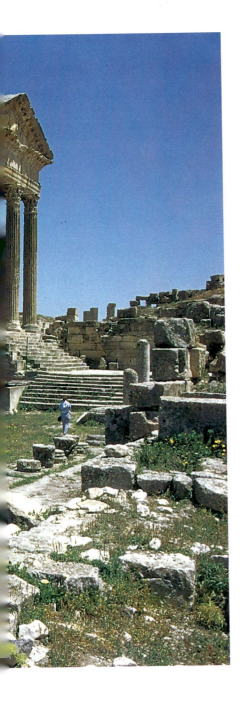

Bas-relief figurant un jeune homme portant une corne d'abondance.

Bas-relief figurant le dieu fleuve Eurotas

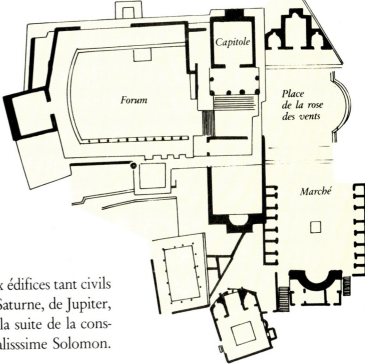

trois côtés et sur laquelle donnaient de nombreux édifices tant civils que religieux -tels que les temples de Tibère, de Saturne, de Jupiter, la basilique judiciaire, la curie etc...,- disparus à la suite de la construction du fort byzantin sur l'ordre du généralisssime Solomon.

10 — Temple de Tellus

Construit en 261 après J.-C. aux frais de la flaminique perpétuelle *Botria Fortunata*, il s'agit d'un sanctuaire d'assez petites dimensions auquel on accède de la rue par un escalier de trois marches. Il est composé d'une cour entourée d'un péristyle surélevé d'une marche et de trois *cellae* dont celle du milieu se termine par un mur droit dans lequel sont aménagées trois niches semi-circulaires.

Ce temple a été érigé sur un emplacement qui était occupé auparavant par le prolongement de la rue qui allait vers le marché et par une maison dont subsiste encore une partie du pavement de mosaïque au nord-est du sanctuaire.

Le temple de la déesse Tellus construit à l'emplacement d'une demeure privée

11 — Maison des Echansons

On entre dans cette demeure par la rue des Thermes Liciniens. Elle est constituée d'une petite cour pavée de mosaïque à décor géométrique sur laquelle donnent les différentes pièces dont l'une avait le sol orné avec une mosaïque aujourd'hui conservée au musée national du Bardo et qui figure deux échansons de grande taille portant sur l'épaule des amphores dont ils font couler le vin dans des coupes que leur présentent deux clients. Sur l'amphore de l'échanson de droite est écrit, en caractères latins, le mot grec PIE (bois). Sur celle que porte celui de gauche on lit en grec ZHCHC (tu vivras). Deux jeunes serviteurs apportent aux buveurs, l'un, une corbeille de fleurs, l'autre, une petite amphore contenant du parfum et une serviette.

Mosaïque des échansons

12- Maison du Labyrinthe

Cette maison doit son nom à une mosaïque aujourd'hui au musée du Bardo, qui ornait son vestibule et qui représente un dédale géométrique figurant le plan du Labyrinthe. Elle est composée d'une série de pièces en enfilade qui conduisent à une cour sur laquelle donnent plusieurs autres pièces. Leurs pavements de mosaïques comptent parmi les plus anciens jamais découverts à *Thugga*.

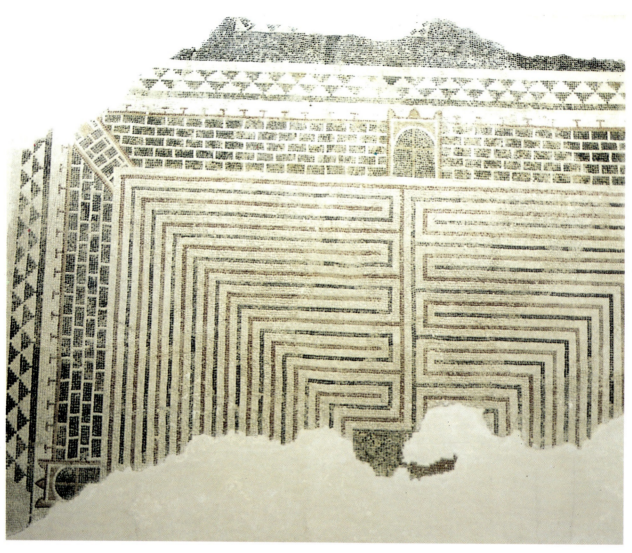

Mosaïque du Labyrinthe.

13- Les thermes Liciniens

Construits sous le règne de Gallien (260-268) au prix d'importants travaux d'aménagement de la plate-forme nécessaire à l'établissement de l'édifice, ils présentent, malgré le terrain accidenté, un plan général régulier et conforme dans ses grandes lignes à celui des établissements thermaux de Rome ; l'axe transversal Nord-Sud divise la construction en deux parties à peu près symétriques.

Le salle froide (frigidarium) des thermes liciniens.

Les thermes liciniens

La salle froide des thermes liciniens

La véritable entrée des thermes se trouve au Nord et surplombe l'édifice et donne sur *l'atrium*. De *l'atrium* part un grand escalier descendant vers les salles inférieures constituant les thermes proprement dits : salle d'entrée, vestiaire *(apodyterium)*, palestre, *frigidarium* (salle froide), *tepidarium* (salle tiède), *caldarium* (salle chaude), *sudatorium* (étuve humide qui activait la transpiration), *laconicum* (étuve sèche).

Contrairement aux hammams dans les villes arabo-musulmanes, les thermes romains n'étaient pas uniquement de simples installations d'hygiène ouvertes à qui voulait se laver. "Oeuvre de rigueur, ils laissaient à chacun le choix entre une multitude d'itinéraires et d'activités (ou de flâneries), ils s'adressaient à l'esprit comme au corps, autorisaient la solitude ou la conversation, la lecture ou l'exercice, la méditation ou l'excitation. Les thermes sont les témoins à la fois d'une culture globale et d'un certain mode de vie" (Ch. Goudineau).

La salle d'entrée des thermes liciniens

14- Temples de la Concorde, de Frugifer et de Liber Pater

Ce complexe cultuel dont la fouille n'a pas encore été achevée a été construit sous le règne de l'empereur Hadrien entre les années 128 et 138 après J.-C. par *Aulus Gabinius Datus* et son fils *Marcus Gabinius Bassus* sur un terrain qui leur appartenait. Des trois temples qui composaient cet ensemble seulement deux ont été fouillés jusqu'à maintenant.

Temple A: Il s'agit d'un édifice constitué d'une *cella* précédée d'un *pronaos*, construite sur un haut podium et à laquelle on accède par un escalier de sept marches après avoir traversé une petite cour.

Temple B: Il est composé d'une grande *area* entourée de portiques et cinq *cellae* qui ouvrent sur la galerie nord-est. La *cella* centrale, plus grande que les autres, se termine par une abside où devait se trouver la statue cultuelle.

Entrée de la maison des échansons, au fond l'entrée du Temple de la concorde, de Frugifer et de Liber Pater.

15 — Auditorium

Auditorium, petit théâtre cultuel où devaient se dérouler les cérémonies liées au culte de Liber Pater

C'est un petit théâtre situé en contre-bas du complexe cultuel précédent. On y accède par une porte aménagée dans le mur sud-est du temple B qui donnait accès à un escalier, aujourd'hui disparu, qui descendait vers la galerie supérieure de la *cavea*. Ce théâtre qui ne possède pas de scène mais un grand orchestre ayant la forme d'un segment de cercle, devait avoir une destination cultuelle et servir aux initiations et à la célébration des mystères, pratique liée au culte du dieu Liber Pater.

16 — Maison de Dionysos et d'Ulysse

Cette maison, l'une des plus somptueuses de la ville doit son nom aux mosaïques qui y furent trouvées et qui figurent l'une Dionysos triomphant des pirates tyrrhéniens et l'autre Ulysse échappant aux chants des Sirènes. Elle est composée de deux étages dont le supérieur qui ouvrait sur la rue du Temple Anonyme n'en subsiste que peu de chose. Un escalier de quatorze marches conduit au rez-de-chaussée et aboutit à une grande cour entourée d'un portique et sur laquelle donnent les différentes pièces.

Mosaïque de Dionysos triomphant des pirates tyrrhéniens

←

Mosaïque d'Ulysse résistant aux chants des Sirènes

17 — Maison "Omnia tibi felicia"

Cette maison dans laquelle on entre de la rue du Temple Anonyme doit son nom à la formule de bienvenue *Omnia tibi felicia* qui figurait sur le pavement de mosaïque du vestibule. Elle est composée d'une petite cour à portique dont le sous-sol est occupé par une citerne. Les côtés nord, ouest et est sont occupés par différentes pièces de dimensions modestes qui prennent le jour sur le péristyle.

La maison d'"Omnia tibi felicia" (que tout te porte bonheur).

18 — Sanctuaire de Minerve

Situé en contre-bas de la maison de Dionysos et d'Ulysse, ce sanctuaire a été construit à la fin du 1er siècle après J.-C. en exécution du testament de *Quintus Vinnicius Genialis*, prêtre des Cereres pour l'année 127 (entre 83 et 89 après J.-C.) et patron de la *civitas*. Orienté nord-est, il est composé d'une grande *area* rectangulaire et d'une petite abside située à l'ouest où était la statue cultuelle de Minerve. Le culte de cette déesse semble avoir été en grande faveur auprès des habitants de *Thugga* puisqu'un autre temple lui fut consacré sous le règne de l'empereur Antonin le Pieux (138-161) dans la partie nord du site.

19 — Temple Anonyme

Entrée du temple Anonyme

Plus connu sous le nom de Dar Lachheb (=la maison de Lachheb), ce monument a été construit en 164-166 sous le règne conjoint des empereurs Marc-Aurèle et Lucius Verus. On y entre par une porte dans un excellent état de conservation. On arrive alors dans une grande cour rectangulaire bordée de portiques sur chacun de ses longs côtés. Cette cour serait *l'area* d'un temple dont la *cella* située au sud a disparu.

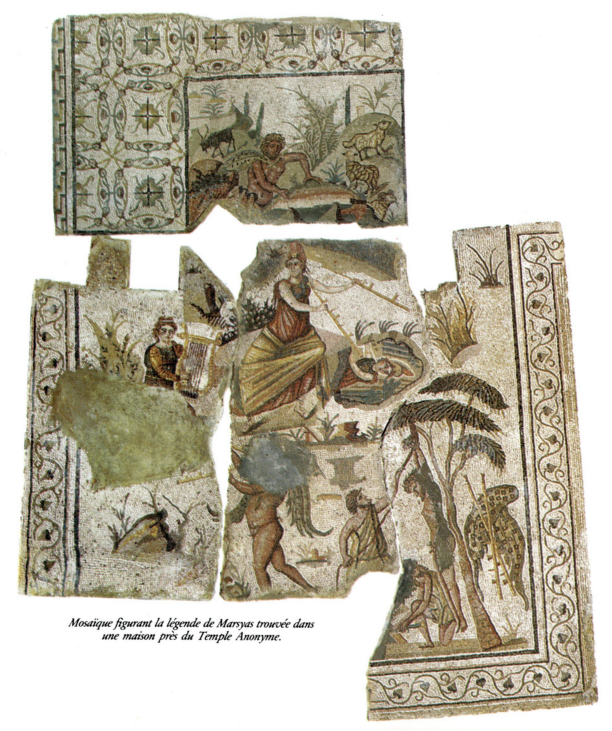

Mosaïque figurant la légende de Marsyas trouvée dans une maison près du Temple Anonyme.

20 — Maison de Vénus

La maison dite de Vénus

Cette demeure mitoyenne du Temple de la Victoire de Caracalla, doit son nom à une mosaïque qui décore le fond d'un bassin et qui figure Vénus et les Amours dans une ambiance marine. On y entre par la rue qui la sépare à l'Est du Temple Anonyme. La partie fouillée jusqu'ici est constituée d'une série de pièces dont un *triclinium* (salle à manger) et un *cubiculum* (chambre à coucher) ayant pour la plupart des sols composés de mosaïques à décor végétalisé. Cette maison a connu de nombreux réaménagements témoins de la longue période de son occupation qui s'est poursuivie du IIè siècle au plus tard jusqu'au Vè siècle au plus tôt.

Détail de la mosaïque de Vénus

21 — Temple de la Victoire de Caracalla

Construit en 214 après J.-C., aux frais de *Gabinia Hermiona*, membre de l'une des familles les plus illustres de la cité, celle des *Gabinii*, il est édifié sur un terrain en pente assez forte ce qui a nécessité d'importants travaux pour l'aménagement d'une plate-forme artificielle. Orienté au sud-ouest, on y entre par une porte latérale percée dans son mur ouest. L'intérieur est constitué d'une grande cour dallée, surplombée au nord par une grande salle rectangulaire *(cella)* précédée d'un portique et à laquelle on accède par un escalier monumental.

en haut à gauche :
*Le temple de la Victoire de Caracalla.
Vue de l'extérieur*

←

La cella du temple de la Victoire de Caracalla

Le temple de la Victoire de Caracalla. Vue de l'extérieur. Au fond le capitole.

22 — Le temple de Junon Caelestis

Ce temple dédié à l'héritière de la grande déesse punique Tanit, compagne de Baal, a été construit sous le règne de Sévère Alexandre (222-235). Il est composé d'un sanctuaire périptère élevé sur un haut podium et précédé d'un escalier de onze marches, érigé au milieu d'une cour fermée semi-circulaire, forme exceptionnelle dans l'architecture religieuse de l'Afrique romaine.

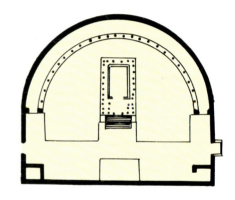

Le temple de Caelestis, héritière de Tanit, la grande déesse de la Carthage punique

23 — Citernes d'Aïn el Hammam

Elles sont composées de cinq réservoirs longs chacun de 34m et larges de 5m. Un sixième compartiment placé perpendiculairement servait de bassin d'arrivée et de décantation. L'ensemble avait une contenance totale d'environ 6000 m³ et était approvisionné par l'eau qui arrivait par un aqueduc de la source d'Aïn El Hammam située à plus de 12km à l'ouest de la cité.

Les citernes de Aïn-EL-Hammam

24 — Aqueduc de Aïn el Hammam

Aqueduc

Cet aqueduc, construit sous le règne de l'empereur Commode aux frais de la *civitas*, est l'un des mieux conservés de Tunisie. Son point de départ est situé dans la massif montagneux de Jbel Fej el Hdoum et Jbel bou Kroubaza au sud-ouest de *Thugga* et à une distance à vol d'oiseau de 8500m. Les eaux tièdes (15°c) de la source d'Aïn el Hammam sont captées dans un bassin carré de 10m de côté, puis acheminées jusqu'aux citernes voisines de l'arc de Sévère Alexandre au moyen d'un aqueduc souterrain sur la plus grande partie de son parcours. Des regards distants de 80m en moyenne servaient à l'entretien de la conduite et des ouvrages d'art permettaient à l'aqueduc de franchir les nombreux thalwegs creusés par les affluents de l'oued Khalled. Cet aqueduc fut l'objet d'une importante restauration comme le fait connaître une longue dédicace datée de l'année 376.

25 — Arc de Sévère Alexandre

Construit sous le règne de l'empereur Sévère Alexandre entre les années 222 et 235 pour commémorer des privilèges accordés au municipe de *Thugga*, ce monument est formé d'une arcade de quatre mètres d'ouverture soutenue par deux pieds-droits décorés sur leurs faces antérieures et postérieures de niches rectangulaires peu profondes.

Arc de triomphe de Sévère Alexandre

26 — Citernes d'Aïn Mizeb

Il s'agit d'un ensemble de sept réservoirs accolés longs chacun de 35 mètres et larges de 5 mètres, et d'un huitième compartiment placé perpendiculairement aux autres et qui servait de bassin d'arrivée à l'aqueduc. De contenance totale d'environ 9000m³, ces citernes constituaient une importante réserve d'eau pour l'approvisionnement de la cité. L'eau arrivait de la source d'Aïn Mizeb située à environ 200 mètres au Sud-Ouest de l'ensemble au moyen d'un aqueduc haut de 1,60m et large de 0,50m, encore en service aujourd'hui pour porter l'eau jusqu'à l'abreuvoir moderne qui se trouve au sud-ouest du site.

Les citernes du Aïn Mizeb

27 — Temple de Minerve

Ce sanctuaire a été construit sous le règne de l'empereur Antonin le Pieux (138-161) aux frais de la flaminique perpétuelle (=prêtresse du culte impérial) *Iulia Paula Laenatiana*. Orienté au sud-est, il est composé d'une grande cour rectangulaire entourée de portiques sur trois côtés et d'une *cella* qui était précédée d'un portique aujoud'hui disparu. La *cella* à laquelle on accède par un escalier monumental est érigée sur un haut podium dont l'intérieur est aménagé en salles dans lesquelles on pouvait entrer par des portes latérales.

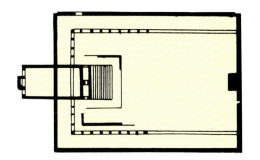

Le temple de Minerve

28 — Le cirque

Il a été construit en 224 après J.-C. sous le règne de l'empereur Sévère Alexandre sur un terrain légué par testament par *Gabinia Hermiona* vers l'année 214 et qui portait le nom de *circus* (cirque) ce qui laisse supposer que l'on y organisait déjà des courses de chars. Long de 393m et avec une *spina* (murette ou simple levée de terre autour de laquelle courait la piste) longue de 190m et large de 6m, le cirque de *Thugga* paraît bien modeste comparé au *circus maximus* à Rome (long de 600m) ou même à celui de Carthage (long de 570m). Mais, très certainement, les spectacles qui y étaient organisés ont dû comme partout ailleurs dans le monde romain, attirer bien des foules et susciter bien des passions. Un dessin gravé sur l'une des dalles du stylobate du portique du temple de Liber Pater et qui figure de manière maladroite le plan d'un cirque avec les *carceres,* accompagné de trois *hederae* (feuilles de lierre, vraisemblablement emblème d'une faction) et d'une palme symbole de la victoire, témoigne de l'engouement que les *Thuggenses* avaient pour ce genre de spectacle.

29 — La nécropole dolménique

Le dolmen, un caisson "ouvert" sur un côté, est fait de trois dalles posées de champ sur lesquelles repose une dalle de couverture souvent impressionnante par sa taille.

L'usage répété de la tombe, il s'agit de tombes collectives dans la plupart des cas, était possible grâce au côté ouvert; on devait bloquer ce côté, après usage, par un muret en pierres séches facile à enlever.

Les dolmens ne sont pas datés avec précision. On a eu recours à ce type de monuments funéraires durant le second et le premier millénaire avant J.-C.; leur utilisation a continué durant le premier siècle de l'ère chrétienne. La fouille des dolmens de Dougga a permis de mettre au jour, en plus de dizaines de squelettes humains, de nombreux objets en céramique, surtout modelée, qui devaient servir au défunt dans sa vie dans l'au-delà.

Dolmen

30 — La muraille numide

L'enceinte pré-romaine est conservée sur 130m au nord de la cité. Elle devait protéger la ville sur trois côtés : le Nord, l'Ouest et le Sud; l'Est étant protégé naturellement par la falaise.

La muraille était dotée de tours avancées de forme carrée; deux sont encore en partie visibles; au niveau de ces tours, la muraille atteint 5m de large; ailleurs les murs d'une épaisseur de 2m sont construits avec des blocs assez grands et pratiquement à l'état brut.

Bien quelle ne soit pas datée avec précision, la muraille devrait se situer dans la période numide; le règne de Jugurtha (118-105 avant J.-C.) serait la période idéale pour l'édification de fortifications et de systèmes de défense pour des villes comme Dougga; cette date reste à confirmer.

31 — Maison du trifolium

C'est la plus grande des maisons fouillées jusqu'ici à *Thugga*. Elle se compose d'un rez-de chaussée et d'un étage dont il ne subsiste que peu de chose. L'entrée de la maison qui s'ouvrait au premier étage est précédée d'un porche à deux colonnes. Elle donne sur un vestibule d'où part un escalier descendant jusqu'au rez-de-chaussée. Celui-ci est organisé autour d'une grande cour entourée d'un portique et dont le centre est occupé par un jardin. Sur la galerie ouest ouvrent les trois portes de la grande pièce de la maison, l'*oecus*, qui donne au Nord sur une autre grande pièce dont le plan affecte une forme trèflée et qui servait vraisemblablement de salle à manger *(triclinium)*. Sur les galeries Sud et Est prennent jour des chambres plus petites. Le long de la galerie Est du portique se trouve une citerne sur le côté de laquelle est ménagée une petite fontaine.

La maison du trifolium. Cour entourée d'un portique, au fond les deux colonnes indiquent l'entrée de la maison.

La maison du trifolium. Cour et jardin.

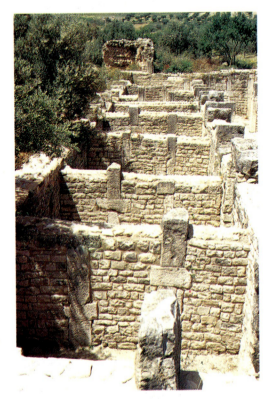

La maison du trifolium. Les chambres.

32 — Thermes des Cyclopes

Mosaïque des Cyclopes forgeant les foudres de Jupiter dans l'antre de Vulcain.

On y accéde par une porte qui donne sur les locaux de service qui précédent la salle de chauffe des *caldaria*. Une autre porte ouvre sur un long couloir qui dessert à gauche les latrines, puis longe deux grandes citernes et aboutit au *fridigarium* qui se prolonge à l'Est par une piscine rectangulaire terminée par une exédre. Le sol de la salle froide était tapissé par une mosaïque (aujourd'hui au Musée National du Bardo) figurant les Cyclopes forgeant les foudres de Jupiter dans l'antre de Vulcain.

Quant aux latrines, elles comportent un grand banc de pierres presque semi-circulaire, au pied duquel court une rigole. Face aux sièges et adossée au mur du vestibule se trouve une petite vasque qui recevait l'eau provenant des grandes citernes situées de l'autre côté du mur.

Les latrines des thermes des Cyclopes

33 — Arc de Septime Sévère

L'arc de triomphe de Septime Sévère

Erigé en 205 après J.-C. à l'occasion de la promotion de la *civitas* au rang de municipe, il est constitué d'une arcade de cinq mètres d'ouverture soutenue par des pieds-droits décorés sur leurs faces antérieures et postérieures de niches rectangulaires peu profondes. Chacune des faces de l'attique portait une inscription en l'honneur l'une de l'empereur Septime Sévère et de son épouse l'impératrice Julia Domna, l'autre de Caracalla et Géta, fils de Septime Sévère. De l'arc partait une voie qui descendait dans la vallée pour rejoindre la grande route qui reliait Carthage à *Theveste*, aujourd'hui Tébessa en Algérie. Un autre arc, dont rien ne subsiste fut érigé à la fin du IIIè siècle au croisement de ces deux voies en l'honneur des empereurs de la tétrarchie.

34 — Temple de Pluton (?)

Pluton était le dieu protecteur de la cité, *genius Thuggae* (le génie de *Thugga*). Son culte a donc joui d'une très grande faveur auprès des habitants comme en témoignent les nombreux documents épigraphiques et iconographiques qui ont été retrouvés. Toutefois le temple qui lui était consacré n'a pas été identifié jusqu'ici de façon certaine. On suppose; sur la foi d'un buste de cette divinité de facture médiocre trouvé dans la cour d'un sanctuaire situé à l'ouest de l'arc de Septime Sévère que c'était là que les *Thuggenses* honoraient leur divinité poliade. Ce monument est composé d'une *area* rectangulaire au milieu de laquelle est érigée sur un podium une petite salle sacrée *(cella)* précédée d'un portique et à laquelle on accédait par un escalier aujourd'hui disparu.

35 — Le mausolée Libyco-punique

Ce monument est l'un des rares exemples qui subsistent de ce que les spécialistes ont convenu d'appeler "l'architecture royale numide". Haut de 21m, il est composé de trois étages:

Le mausolée libyco-punique

→

Le mausolée libyco-punique, un des rares exemples parvenus jusqu'à nous de ce que les spécialistes ont convenu d'appeler "l'architecture royale numide"

— un étage inférieur reposant sur un piédestal de cinq gradins, et décoré aux angles de pilastres et présentant sur la face nord une fenêtre qui était fermée par une dalle aujourd'hui disparue et qui donne accès à la chambre funéraire alors que les trois autres faces sont décorées chacune d'une fausse fenêtre.

— un étage médian reposant sur trois gradins. Il est composé de trois assises de pierres de taille, d'une architrave et d'une gorge égyptienne et est décoré de colonnes ioniques cannelées. Des fenêtre qui étaient fermées par des dalles, se trouvaient sur les faces Nord et Est.

Le mausolée libyco-punique. Détail

— un étage supérieur reposant lui aussi sur des gradins interrompus aux angles par des piédestaux portant des représentations de cavaliers. Sur chacune de ses faces est figuré un bas-relief représentant un quadrige monté par deux personnages. Un pyramidion flanqué aux angles de quatre statues de femmes ailées et surmonté d'une statue de lion assis sur ses pattes arrières, couronne le monument.

Ce mausolée a été l'objet en 1842 d'une démolition presque totale, œuvre de Thomas Read, consul d'Angleterre à Tunis, qui voulait s'emparer de la célèbre inscription bilingue, en libyque et en punique, qui se trouvait à gauche de la fenêtre de l'étage inférieur. Il fut remis en état grâce aux travaux de restauration réalisés entre les années 1908 - 1910. L'inscription qui se trouve depuis conservée au British Museum à Londres, se présente comme suit :

Mausolée construit d'ATEBAN fils de YPMATAT fils de PALU.

L'ont fait édifier : ABARIS fils de ABDASTART, ZUMAR fils de ATEBAN, fils de YPMATAT, fils de PALU et MANGI fils de WARSACAN.

Etant charpentiers. MASDAL fils de NANPASAN et ANKAN fils de ASAI.

Etant ferronniers SAPOT fils de BILEL et PAPAI fils de BABAI.

36- Citernes d'Aïn Doura

Surplombant les thermes du même nom, ce réservoir, d'une capacité d'environ 3000 m³, est long de 28,50m et large de 25m. Il est composé de trois compartiments séparés par deux rangées de quatre arcades chacune.

37- Thermes d'Aïn Doura

Cet établissement thermal tire son nom de celui d'une source voisine. Il est situé au sud-ouest du site, nettement en contre-bas du centre de la cité antique constitué par le quartier du Forum. Edifié sur un terrain en pente assez accusée ce qui a nécessité d'importants travaux de terrassement, il a un plan en forme de T renversé. Seule la partie Est du monument a été fouillée jusqu'ici. On y reconnaît la salle du frigidarium (salle froide) flanquée de quatre piscines froides, le tepidarium de sortie, trois salles chauffées placées dans le même alignement et quelques salles de service.

Les thermes de Aïn Doura

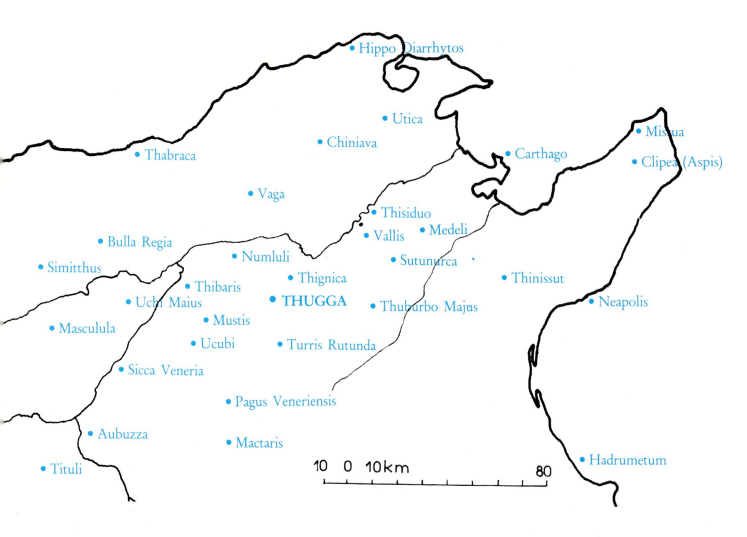

Table des matières

	Pages
Introduction	5
Temple de Baal Saturne	12
Eglise de Victoria	13
Le Théâtre	14
Temple de la piété Auguste	18
Place de la rose des vents	18
Temple de Mercure	20
Le Marché	21
Le Capitole	22
Temple de Tellus	26
Maison des échansons	27
Maison du Labyrinthe	28
Les Thermes Liciniens	29
Temple de la concorde, de Frugifer et de Liber Pater	32
Auditorium	33
Maison de Dionysos et d'Ulysse	34
Maison "Omnia Tibi Felicia"	36
Temple anonyme	37
Maison de Vénus	39
Temple de la victoire de Caracalla	40
Temple de Junon Caelestis	42
Citernes d'Aïn el Hammam	43
Aqueduc de Aïn el Hammam	44
Aqueduc de Severe Alexandre	45
Citernes d'Aïn El Mizeb	46
Temple de Minerve	47
Le Cirque	48
La nécropole dolménique	48
La muraille numide	49
Maison du Trifolium	50
Thermes des cyclopes	53
Arc de Septime Sévère	55
Temple de Pluton (?)	56
Le mausolée Libyco-punique	56
Citernes d'Aïn Doura	59
Thermes d'Aïn Doura	59

Conception et suivi technique : **Abderrazak Khéchine**
Photos : **Abderrazak Khéchine** sauf pour les pages 27, 34, 35, 38, 53 **Mohamed Ayeb**.
Photogravure : **Grafi-Center**
Impression : **Imprimerie Tunis-Carthage**
ISBN : **9973-917-21-9**

Dans la même collection :
— Kairouan : histoire de la ville et de ses monuments
— Monuments andalous de Tunisie
— Sbeïtla
— Carthage : Le parc des thermes d'Antonin
— Uthina
— Gigthis
— Au pays de l'Enfidha